Το βιβλίο αυτό ανήκει στον/στην

....

....

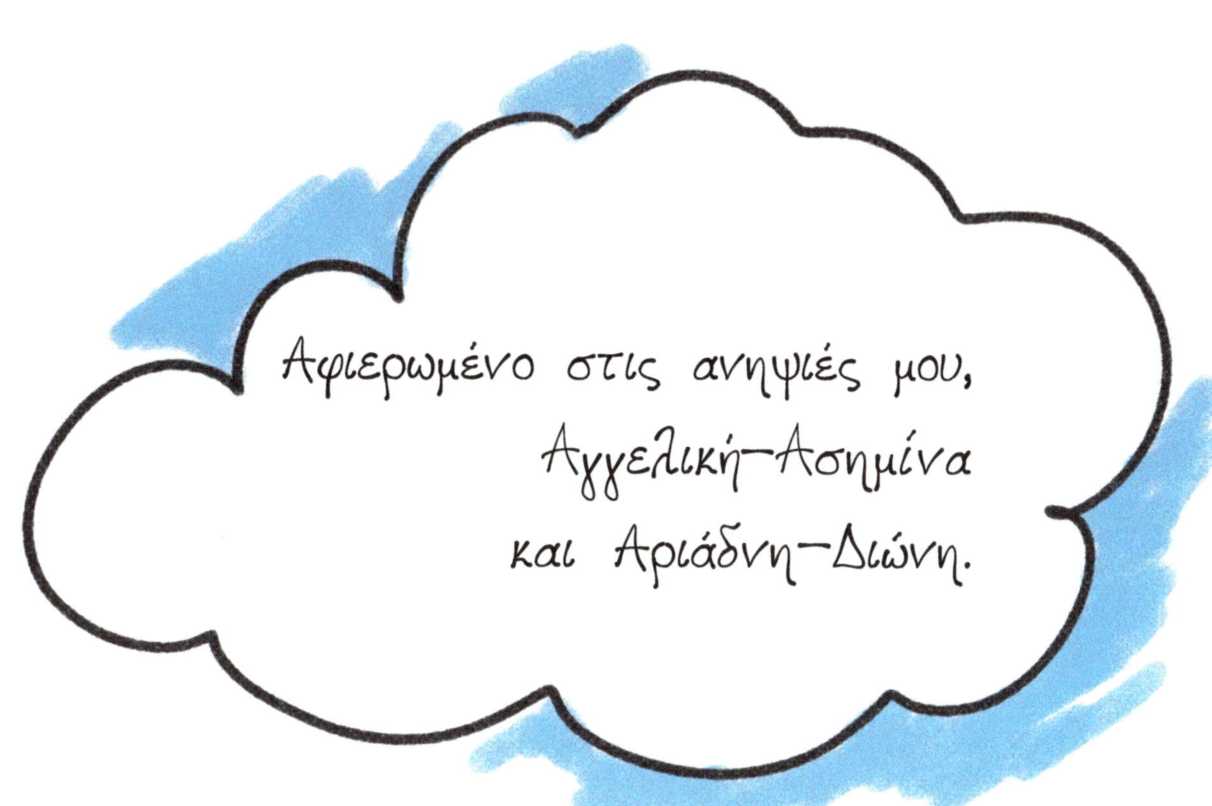

Αφιερωμένο στις ανηψιές μου,
Αγγελική-Ασημίνα
και Αριάδνη-Διώνη.

BF
BookFairy
Publications

Κ. Ε. Μανωλά

Πού η αλεπού

Εικονογράφηση:
Βιβή Μαρκάτου

Αυτή είναι η **Που**!
Μια πανέξυπνη **αλεπού**.

Ξέρει να κρύβεται καλά
από μεγάλους και παιδιά.

Πού είναι τώρα η αλεπού
που τ' όνομά της είναι Που;
Πού;
Πού;
Πού;

Πού;
Πού;
Πού;

Μήπως είναι πίσω απ' το δέντρο;
Ή ακόμα και στο κέντρο;

Ίσως να κρύβεται στα στάχυα.
Ή στα μακρινά τα βράχια.

Μα **πού** να είναι η αλεπού,
που τ' όνομά της είναι Που;
Πού;
Πού;
Πού;

Πού;
Πού;
Πού;

Για να δούμε στο κοτέτσι,
ίσως θέλει απλά να παίξει.
Μήπως δίπλα στο ποτάμι;
Αχ!

Η Που θα μας τρελάνει.

Λες να κρύφτηκε στους θάμνους
Ή να 'ναι πίσω από τους κάκτους;

Πού να είναι η **αλεπού**

Που τ' όνομά της είναι **Που**;

Πού;

Πού;

Πού;

Πού;
Πού;
Πού;

Α! Να η αλεπού
που τ' όνομά της είναι **Που**!
Είναι έξω απ' τη φωλιά της
και ταΐζει τα παιδιά της.

Να τα μωρά της αλεπούς
που τ΄ όνομά της είναι Που!

Ένα,

δύο,

τρία!

Ένα
δύο
τρία!

Τώρα η **Που** η αλεπού,
κάθεται μεσ' στη φωλιά της
αγκαλιά με τα μικρά της.

Η Κ.Ε. Μανωλά (γνωστή και ως Connie) είναι συγγραφέας ενηλίκων και παιδικών βιβλίων που γεννήθηκε και μεγάλωσε στο νησί της Ρόδου, στην Ελλάδα. Σπούδασε λογοτεχνία και δημιουργική γραφή στο Πανεπιστήμιο Rutgers και εργάστηκε ως καθηγήτρια ESL για πάνω από δέκα χρόνια. Είναι γνωστή για τις ευφάνταστες και συναρπαστικές ιστορίες της που εμπνέουν τα παιδιά να χρησιμοποιήσουν τη δημιουργικότητά τους και να εξερευνήσουν το περιβάλλον τους. Επιπλέον, τα βιβλία της παρουσιάζουν συχνά συγγενείς χαρακτήρες και θέματα που έχουν απήχηση στους μικρούς αναγνώστες. Το «Μια πατουσίτσα στην καρδιά μου» είναι το πρώτο της παιδικό βιβλίο που εκδόθηκε στις ΗΠΑ σε διάφορες γλώσσες. Άλλα βιβλία της που κυκλοφορούν σε Ελληνικά και Αγγλικά είναι «Ο Συννεφούλης ταξιδεύει στην Ελλάδα», «Ο Συννεφούλης Ταξιδεύει στην Κύπρο» και «Η Αλίνα των Χρωμοσωμάτων». Η Connie συνεχίζει να γράφει και να εκδίδει παιδικά βιβλία από το σπίτι της στο New Jersey, όπου ζει με τον σύζυγό της και τους δύο γιους της.

Η Βιβή Μαρκάτου Heinemann, ελληνογερμανικής καταγωγής, είναι διακεκριμένη σχεδιάστρια κινουμένων σχεδίων και παιδική εικονογράφος, μέλος των IBBY, ASIFA και WIA. Βραβευμένη υπό την αιγίδα της UNESCO και αναγνωρισμένη για την πολιτιστική της δράση εκπροσωπεί τον χώρο των γραμμάτων και της λογοτεχνίας για πολλές δεκαετίες. Έχει διετελέσει εξωτερικός ανταποκριτής του Γαλαξία fm 92,1, ενώ έχει αναδείξει θέματα πολιτιστικού ενδιαφέροντος σε τοπική και πανελλήνια εμβέλεια. Σπούδασε Θεατρολογία στο ΕΚΠΑ, Γραφιστική στο ΙΕΚ Ξινή και ΔΙΕΚ Λαμίας και Computer Animation στο Πανεπιστήμιο του Portsmouth όπου και τιμήθηκε με τον τίτλο του valedictorian. Έχει εικονογραφήσει πάνω από 100 παιδικά βιβλία, και έχει σκηνοθετήσει 6 ταινίες κινουμένων σχεδίων μικρού μήκους με υποψηφιότητες στην Ελληνική Ακαδημία Κινηματογράφου και στις Κάννες. Μιλά Ελληνικά, Γερμανικά και Αγγλικά. Ζει με τον σύντροφό της στην Αγγλία και έχει έναν σκύλο, τον Γιότσιρο, που λατρεύει. Τον ελεύθερο χρόνο της βλέπει anime και διαβάζει βιβλία.

Σχολεία, βιβλιοθήκες και εκπαιδευτικοί,

Εάν θέλετε να εμπνεύσετε τους μαθητές σας και να πυροδοτήσετε τη σπίθα ενδιαφέροντός τους για το διάβασμα και τη συγγραφή, μπορείτε να καλέσετε τη συγγραφέα του βιβλίου στον χώρο σας (φυσική ή δια-δικτυακή παρουσία). Με ένα εκπαιδευτικό και ταυτόχρονα διαδρα-στικό πρόγραμμα εμπλουτίζεται η κριτική σκέψη των παιδιών και ενδυνα-μώνεται η φαντασία τους. Για μέρες φιλαναγνωσίας, ανοιχτής αφήγησης παραμυθιών και λοιπές δράσεις, μη διστάσετε να επικοινωνήσετε με τον εκδοτικό μας οίκο στο **bookfairypublications@gmail.com** με θέμα: Παρουσίαση στον χώρο μας. Ας αγκαλιάσουμε την αγάπη μας για το παιδικό βιβλίο μαζί!